Parus aux éditions G.S.P

- Daniel JOAQUIM, Jugement eschatologique selon Matthieu 25 :31-46 : approche théologique et philosophique, Guérin Scholar's Press, Montréal, 2019.
- Dr. Jean KOULAGNA, Exégèse et Kérygme : Une introduction pratique à l'exégèse biblique au service de la prédication, Guérin Scholar's Press, Montréal, 2018.
- Dr. Samson N'Taadjèl KAGMATCHÉ, *Les ennemis et adversaires dans la Bible: ruses et tactiques* Guérin Scholar's Press, Montréal, 2018.
- Dr. Samson N'Taadjèl KAGMATCHÉ, *The Lamassu and the Cherubim: Two Hybrid genii. How did the Cherubim become Angels?* © Guérin Scholar's Press, Montreal, 2017.
- Dr. Samson N'Taadjèl KAGMATCHÉ, *The God of Mount Carmel: The Contending views associated to the Biblical Mount Carmel*, Guérin Scholar's Press, Montreal, 2017.

À paraître:
- Oulandja TADOURÉ, *Colonisation et Chefferie en pays Konkomba de 1897 à 1960.*

Chérubins bibliques:

Tradition chrétienne et l'art de la Renaissance

« *Il faut toujours viser la lune, car même en cas d'échec, on atterrit dans les étoiles.* » **Oscar WILD**

Dr. Samson N'Taadjèl KAGMATCHÉ

Chérubins bibliques:

Tradition chrétienne et l'art de la Renaissance

Montréal, Canada

© **Guérin Scholar's Press**, 2019
435 rue St-Roch, CP: H3N 1K2; #4 Montréal, Canada
www.guerinscholarspress.com
info@guerinscholarspress.com
ISBN: 978-0-9958987-8-3

Du même auteur:

❖ Dr. Samson N'Taadjèl KAGMATCHÉ, *Les ennemis et adversaires dans la Bible: ruses et tactiques* Guérin Scholar's Press, Montréal, 2018.

❖ *The Lamassu and the Cherubim: Two Hybrid genii. How did the Cherubim become Angels?* © Guérin Scholar's Press, Montreal, 2017.

❖ *The God of Mount Carmel: The Contending views associated to the Biblical Mount Carmel*, Guérin Scholar's Press, Montreal, 2017.

❖ *Étude comparative entre les Lamaasu et les chérubins bibliques,* © L'Harmattan, Paris, 2011.

Article

❖ **Origine de la représentation des chérubins bibliques,** *in Hokhma:* Revue de Réflexion théologique, N°144, 2018, pp. 3-18.

À paraître:

❖ Lamassu in Ancient Near Eastern Beliefs

in

Belief Phenomenon and Administrative Conception in the Ancient Age of Mesopotamia, Edited by Prof. Dr. L. Gürkan GÖKÇEK, (Turkey).

❖ Heb. אָהַב / Akk. *Rāmum, "To Love": in the Hebrew Bible and in the Ancient Near East Literature*

Avant-propos

Cet article fait suite à notre travail de recherche : *Étude comparative entre les Lamassu et les chérubins biblique* publié aux éditions L'harmattan, 2011. Pour faire suite à ces travaux de recherche cités ci-dessus, nous avons cherché à comprendre ce que disent le Judaïsme (Talmud et la Midrash), la patristique et les textes apocryphes sur les chérubins bibliques. La question est de savoir pourquoi malgré la diversité des chérubins dans l'Ancien Testament avec plusieurs fonctions, les chérubins bibliques nous sont présentés sous forme des bébés ailés ou angelots? D'où est venue cette inspiration aux artistes de la Renaissance de représenter les chérubins bibliques sous cette forme? Que dirent les Pères de l'Église sur leur nature et leurs fonctions? À ces questions, nous tenterons de répondre dans cet article avec des illustrations afin d'éclairer nos lecteurs et lectrices sur cette problématique.

SOMMAIRE

Abréviations

A.M. Assomption de Marie in E.A.C II, 2005, p. 227.

ANAST.S.Hex *Anastasius of Sinai, Hexaemeron,* Orientalia Christiana Analecta, 278; Kuehn, C. A et Baggarly J.D., S.J, editions Pontificio Institut Orientale, Roma, 2007.

APOC. Ezra Apocalypse d'Ezra/Esdras

APOC. Esd. *Apocalypsis Esdrae,* WAHL, O., (ed.), E.J. Brill, Leiden, 1977.

CA t.II Constitutions Apostoliques Tome II, livres III-VI, éditions Cerf, Paris, 1986.

CA t.III Constitutions Apostoliques, Tome III, livres, VII et VIII, éditions Cerf, Paris, 1987.

D. J. A Déclaration de Joseph d'Arimathée in E.A.CII, 2005, pp. 337-338 et 349-350.

DORMIT. 38. Mariae Dormitio in *Apocalypses Apocryphae. Mosis, Esdrae, Pauli, Iohannis, Item, Mariae Dormitio.* Additis Evangeliorum et Actlium Apocryphorum Supplementis. Edited by C. TISCHENDORF, Lipslae, 1866. See also *Dormition de Marie du Pseudo-Jean,* 38 in EACI, 1997, p.183.

E.A.C.I et II *Ecrits Apocryphes Chrétiens I et II,* éditions Gallimard, Paris, 1997 et 2005.

Eccl. Ecclésiastiques

Hén. Hénoch (livre d'Hénoch).

En. Sl.   *The Secret Book of Enoch,* Translated from the Slavonic by W.R. Morfill andedited, with introduction, notes and indices by R.H. Charles, at the Clarendon Press, 1896, p. 24.

Genenius   Genenius's Hebrew and Chaldee Lexicon to the Old Testament Scriptures. Translated, with additions and corrections from the author's Thesaurus and other works, S. P. TREGELLES, LL.D., sd., London, 1511.

Hagigah   *Hebrew-English edition of the Babylonian Talmud, TA'ANITH. Translated into English with notes, Glossary and indices* by Dr. J. RABBINOWITZ, B.A., Ph.D. under the editorship of Rabbi Dr. I. EPSTEIN, B.A., Ph.D., The Soncino Press, London, 1990.

Hiér. Cél.   *Hiérarchie Céleste,* par Denys l'Aréopagite

J.T.S   *Journal of Theological Studies,* Oxford

L. R. B   Livre de la Résurrection de Barthélémy

M.   *Patrologiae Graecae,* (Cursus Completus), J.-P. **Migne** (éd.).

Quaest. Ex.   *Quaestiones et Solutiones in Exodum,* I et II, 34 c, Les oeuvres de Philon d'Alexandrie, éditions Cerf, Paris, 1992.

S. Ch.   *Sources Chrétiennes,* éditions Cerf, Paris

Sukkah   *Hebrew-English edition of the Babylonian Talmud, Translated into English with notes, Glossary and indices* by Rev. Dr. Israel W. SLOTKI,

M.A., Litt. D. under the editorship of Rabbi Dr. I. EPSTEIN, B.A., Ph.D. D. Litt., The Soncino Press, London, 1990.

T.Abr. Testament d'Abraham

ThDOT *Theological Dictionary of Old Testament Vol.8, edited,* by G. JOHANNES, Botterweck, HELMER Ringgren and HEINZ-JOSEF Fabry, Grand Rapids, Michigan/Cambridge, 1997.

T.Isaac Testament d'Isaac, *in The Old Testament Pseudepigrapha, vol. I, Apocalyptic Literature and Testaments,* J. H. Charlesworth, (ed.), Duke University, New-York, 1983.

T. Sal. *The Testament of Salomon,* edited from manuscripts by Chester C.
McCown, Doctor Dissertation, Univ. of Chicai go, 1922.

Yoma *Hebrew-English edition of the Babylonian Talmud, Translated into English with notes, Glossary and indices* by Rabbi. Dr. LEO Jung, M.A., Ph.D., D.D., L.H.D., under the editorship of Rabbi Dr. I. EPSTEIN, B.A.,Ph.D., The Soncino Press, London, Jerusalem, New-York, 1974.

Zohar The Zohar *II, Translated by Harry SPERLING and Maurice Simon, The Soncino Press, London, Jerusalem, New-York, 1970.*

Introduction

Qu'est-ce qu'un chérubin biblique? A cette question, tous répondront probablement avec certitude qu'il s'agit d'un ange. Quelle serait l'apparence physique de cet ange? Avec un peu plus d'hésitation, beaucoup opteront pour de petits enfants à l'embonpoint singulier. C'est en tout cas la forme que leur a donné les tableaux issus de la période de la Renaissance. Est-ce à dire que ces angelots, ou bébés potelés, bien nourris par l'inspiration des artistes de la Renaissance, représentent, sans contredit, le chérubin biblique? Y-a-t-il une seule et unique forme de chérubin? Bien entendu, les représentations ne se sont pas limitées uniquement à l'angelot, c'est l'imaginaire collectif qui a retenu cette définition. Cependant il nous intéresse d'examiner quelles sont les sources qui ont amené les artistes de cette période à sculpter certains chérubins comme des angelots mais aussi sous d'autres formes que nous évoquerons.

La lecture des textes de l'A.T. et les articles en archéologie et en histoire du Proche-Orient Ancien semblent nous mener sur une toute autre voie que l'angelot. On constate notamment, au regard des conclusions archéologiques, une assimilation des chérubins bibliques aux *lamassu* (lions ou taureaux androcéphales) présents dans les temples et palais du Proche Orient Ancien. Ceci nous a conduit à entreprendre une première recherche intitulée: ***Etude Comparative entre les lamassu et les Chérubins bibliques.*** Grace aux travaux des historiens, l'interrogation des textes du proche orient ancien[1], et les lumières des archéologues, véritables « juges d'instruction du passé[2]», nous avons pu établir quelques conclusions divergentes du point de vue archéologue habituel assimilant le lamassu au chérubin biblique. Il en ressort que la Bible ne nous présente pas un seul type de chérubin, mais divers chérubins avec des fonctions multiples[3], mais aussi une morphologie très variée[4]. Ils sont parfois quadrupèdes[5] et hybrides, bifaces et quadrifrons[6] d'après certains passages du livre du prophète Ezékiel. Les textes bibliques suivants: Ez.1:10;10:14-15 suggèrent que certains chérubinsavaient «quatre faces» (Ez 1:6), אַרְבָּעָה פָנִים : une d'homme, une de lion, une de bœuf et une d'aigle. Nous ne trouvons pas d'explication sur le fait que les chérubins d'Ézékiel passent de deux à quatre têtes (une tétrade). Le prophète emploie פָּנֶה qui signifie «face» au lieu de הָרֹאשׁ «la tête». Le terme «face» est choisi par le prophète pour désigner l'être ou l'espèce en soi. De par ces différentes formes, il est donc arbitraire de vouloir assimiler les *lamassu* aux chérubins bibliques; de plus, contrairement au chérubin, le *lamassu* était un génie et un être apotropaïque[7] (c'est à dire que sous une formematérielle, ces êtres abritent une puissance surnaturelle).

---

1   L'hébreu, l'araméen, l'akkadien et le grec.
2   BOTTERO, 2004, p.187.
3   KAGMATCHE, 2011, pp. 63-93.
4   KAGMATCHE, 2011, pp. 101-102.
5   De VAUX, R., 1967, p. 233. De VAUX, R., 1967, p. 233.
6   KAGMATCHE, 2011, pp. 109-129,
7   KAGMATCHE, 2011, pp. 41-62.

Dans les textes de l'A.T., les chérubins sont presque toujours présentés en lien avec le temple, le tabernacle ou l'arche de l'alliance. Il n y a aucune trace « apparente » d'un chérubin angelot. Le but de notre présent article vise donc à comprendre la nature et les différentes fonctions des chérubins bibliques à travers la Tradition chrétienne et les œuvres des Pères de l'Eglise. Pour ce faire, il est primordial de connaître ce que dit le judaïsme sur le sujet. Ce sera l'objet de notre première partie. Ensuite, nous examinerons certains textes apocryphes et des Pères de l'église sur la thématique des chérubins. Enfin, nous étudierons les différentes représentations des chérubins issues de la période de l'art de la Renaissance. A travers ces tableaux, nous avons la matérialisation des mots et des pensées. Quelles sont donc les sources qui ont inspiré les artistes de la Renaissance pour représenter les chérubins bibliques comme des angelots?

I.1. Chérubins dans la tradition rabbinique

I.1a. Etymologie et fonctions d'après le Talmud

D'après le Talmud Babylonien, l'étymologie du mot *kérub* serait une forme contractée de כרביא = Ké-rabia. Le mot serait donc composé de: כְּ (=comme) et רוב = רְבִיָא qui signifie «jeune enfant»[8]. Cette lecture est d'autant plus pertinente que le terme כרוב peut avoir également ce sens d'enfant en

---

8   ḤAGIGAH, 13b, note 5 ; SUKKAH, 5b note 2.

araméen[9] et en Babylonien («Rabia»).[10] L'enfant est alors synonyme d'innocence[11] et son symbole de justice et de sagesse divine propre au Judaïsme[12] prend alors tout son sens. Il faut également noter que le terme *kérub* est tri-consonantiques (*krb*), *karab* en araméen et en syriaque signifiant «labourer»[13]. Ainsi, afin d'éviter que le chérubin biblique ne soit assimilé au veau d'or ou au taureau Apis, les rabbins talmudistes ont certainement préféré favoriser cette lecture consistant à assimiler le *kérub* biblique à un enfant (= Ké-rabia)[14]. Outre cette interprétation, il y a eu une tentative d'identification du *kérub* au gardien sacré. Cette herméneutique s'appuie sur les deux racines: *kārab* «défendre» et *ḥāram* «consacrer», d'où le sens de «gardien sacré» attribué au chérubin[15]. Cette tentative de combiner *kārab* et *ḥāram* pour trouver la fonction de «gardien sacré» aux chérubins a été faite par Gesenius.[16] Les textes du prophète Ezékiel (Ez.1; 1-12; 10:7-15; 41:17-19)[17] et surtout la découverte des *Lamassu* (taureaux ou lions ailés androcéphales)[18] par les archéologues Henry Layard et Paul-Émile Botta permettront d'avoir un nouveau sur les chérubins bibliques. Il faut cependant admettre que l'étymologie reste

---

9 SOKOLOFF, M., 1992, p. 513.
10 SUKKAH, 5b.
11 SUKKAH, 5b; HAGIGAH, 13b.
12 Dict. Ency. du Jud., 1993, p. 289; Cherub in The N.E. J., 2002, p. 163.
13 SOKOLOFF, M., 2002, col. 598.
14 BUXTORF, J., 1977, col.1084; BUXTORF, J., 1875, p. 550.
15 LESETRE, H., 1912, col. 659.
16 Gesenius, W., 1840, p. 711.
17 KAGMATCHÉ, 2011, pp. 117-127.
18 LESETRE, H., 1912, col. 659.

incertaine[19], puisque l'emploi de la racine *krb* n'est pas attesté dans les textes hébraïques.

Selon l'explication du Midrash sur Gn 3: 24 (Gn R. XXI)[20], les chérubins placés par Dieu à l'entrée du paradis terrestre (Gn 3:24) sont des anges créés le troisième jour, n'ayant aucune forme définie. Ils apparaissaient tantôt comme des hommes, des femmes, des esprits, voire comme des êtres angéliques. Le Talmud les décrit parfois comme des êtres célestes appartenant à l'angéologie, parfois comme des messagers divins et parfois comme le couple d'anges sculptés qui gardaient l'arche de l'alliance[21]. Le texte hébraïque d'Enoch (ou 3 En. 22:1 et 11) atteste que Kérubiel est le prince tout-puissant des chérubins. Il dispose d'un char fait de chérubins[22]. Kérubiel est en quelque sorte un ange et rejoint la conception du judaïsme qui voit dans le chérubin un ange.

Dans le Zohar[23], livre d'exégèse ésotérique mystique de la Torah (Zohar II, [232a-b]) on nous fait savoir que dans les cieux on voyait des anges, des astres et des chérubins.Le bruit de leurs ailes servait de signal aux anges pour qu'ils commencent à entonner des hymnes et des cantiques à Dieu. Maïmonide, le philosophe juif du 12e siècle, évoque dans Yad, Yesodé ha-Torah II:7, dix classes d'anges dont la neuvième place est occupée

---

19 DAVIDSON, 1850, p. 392; lire aussi sur l'étymologie de chérubin avec toutes les tentatives d'explication in KAGMATCHE, 2011, pp. 35-39.
20 FREEDMAN, H., et al., 1939, pp. 177-178.
21 Cherubim in *Dict. Ency. du Jud.*, 1993, p. 228.
22 ODEBERG, H., 1973, pp. 72 et 75.
23 ZOHAR II, Péqoudé. Le Zohar est une œuvre majeure de la Kabbale datant du 2e siècle de notre ère.

par les chérubins[24]. Il apparait donc clairement que le chérubin est assimilé à un ange, cette conclusion peut sembler
banale au lecteur profane mais il ne faut pas oublier que la ma-
jorité des archéologues et de certains théologiens tendent à
ranger le chérubin dans la catégorie d'une divinité mineure, et
pas forcément dans la catégorie des anges.

I.2.b. Fonctions des chérubins dans le Talmud et dans le Midrash

Selon l'interprétation rabbinique, les chérubins ont toujours représenté une relation d'amour entre Dieu et son
peuple. Quand Israël désobéissait à la volonté divine, les deux
chérubins de l'arche de l'alliance détournaient leurs propres
regards l'un de l'autre. En revanche, quand Israël obéissait à
Dieu, ils se faisaient face et s'entrelaçaient, comme dans une
fusion d'amour[25]. La position des deux chérubins face à face
montrait alors l'harmonie entre Israël et son Dieu. Ainsi, la
fidélité ou l'infidélité d'Israël aux commandements de Dieu
déterminaient la position des deux chérubins.

D'après le Talmud, pendant les trois fêtes de pèlerinage, à
savoir: la Pessah, (la pâque), Chavouot, (la fête des semaines)
et Sukkot(fête des cabanes), les chérubins étaient montrés
au peuple, enlacés l'un contre l'autre: «On enroulait le voile
et on montrait au peuple les Chérubins qui s'unissaient l'un
à l'autre, et l'on disait: Voyez l'amour que Dieu vous porte,

---

24 *Dict. Ency. du Jud.*, 1993, p. 289; Cherub in The N. E. J., 2002, p. 163.
25 RABINOWITZ, L.I., 1971, p. 399.

comme l'amour de l'homme et de la femme[26] ». Il y a là une perception de l'union intime, charnelle, exprimée par Dieu à travers cette métaphore des conjoints. Il est aussi fortement sous-entendu une référence à l'altérité homme/femme comparée à l'altérité Dieu/homme. Cette union des chérubins renvoie également à la métaphore deutéronomique de l'aigle qui veille sur ses petits[27]. Cette métaphore indique «la tendresse de Dieu pour les enfants d'Israël[28]».

D'après la version éthiopienne du livre d'Enoch (XX:7), les chérubins sont dans la catégorie d'anges qui veillent et gardent constamment le trône divin[29]. Le Midrash Eccl. R., 10:20[30] affirme que quand l'homme dort, son corps s'adresse à son âme, l'âme à l'esprit et l'esprit à l'ange, l'ange au chérubin, le chérubin au Séraph (Séraphin) et Séraph à son tour le rapporte à Dieu. Il joue le rôle de messager et le terme chérubin est aussi employé pour désigner la faculté intellectuelle de l'être humain.

I.3. Morphologie des chérubins d'après le Talmud

Selon le judaïsme, il existe deux types de chérubins: bicéphales et quadrifrons. Les chérubins bicéphales avaient un visage d'homme et un visage de jeune enfant[31], l'un

---

26 YOMA, 54a-b; CHAGALL, M., 2011, p. 88.
27 YOMA, 54a-b; RABINOWITZ, L.I., 1971, p. 399; CHAGALL, M., 2011, p. 88.
28 CHAGALL, M., 2011, p. 87-88.
29 En. 71:7; BLACK, M., 1985, p. 163; (**En.**=Enoch).
30 FREEDMAN, H., et al., 1939, p. 282.
31 HAGIGAH 13b; SUKKAH, 5b. Surtout la note 6 de Hagigah qui apporte la nuance précisant que la seconde face qui est petite est celle d'un enfant.

correspondant à Dieu et l'autre à Israël, tel le père avec son fils, l'aigle avec son aiglon[32]. Le Talmud et le livre d Ezéchiel (Ez. 40:18-20 et 25) se rejoignent donc dans la conception de chérubins bicéphales. Le Talmud mentionne également les chérubins quadrifrons et leur orientation : la face de lion du côté droit, la face de taureau du côté gauche. Quant à la face de l'homme et de l'aigle[33], l'orientation n'est pas précisée.

D'après la source rabbinique (Yoma 54a), les chérubins ne furent plus recréés dans le second Temple. Pour autant, cela ne voudrait pas dire que le second Temple était dépourvu de chérubins. En effet, il y a eu des reproductions pictorialistes de chérubins, de palmes et de fleurs écloses[34]. Les deux chérubins du Tabernacle étaient composés de mâle et femelle[35] exprimant ainsi la justice et l'équité de Dieu. La (Yoma 21b) précise qu'ils étaient présents dans le second Temple mais différents de ceux du premier Temple. Dans sa description du Temple de Salomon, l'historien juif Flavius Josèphe écrit ceci:«Quant aux chérubins, personne ne peut dire ou imaginer à quoi ils ressemblaient[36] ». Nous pouvons conclure que certains chérubins quadrifrons décrits par le prophète Ezéchiel sont des êtres complexes et mystérieux et dont il est particulièrement difficile de présenter une description précise.

---

32 CHAGALL, T., 2011, p.88.
33 ḤAGIGAH, 13b.et sa la note 7 qui mentionne les ailes des chérubins.
34 YOMA, 54a.
35 WELTE, 1865, p. 184.
36 Ant. Juive, VIII, 3: 3. Cf. note 9. Cette précaution de Josèphe Flavius est basée sur le Décalogue qui interdit toute représentation d'être vivant, Ex. 20: 4.

II.1. Chérubinsd'après les textes apocryphes et les Pères de l'Eglise

Nous avons choisi de ne pas faire de séparation dans cette recherche entre les sources apocryphes de l'A.T., du N.T. et les œuvres des Pères de l'Eglise. En effet, tous ces textes attribuent presque les mêmes fonctions aux chérubins. Cette ressemblance pourrait s'expliquer par le fait qu'ils ont été rédigés environ dans la même période, c'est à dire entre le 1er et le 3e siècle après J.-C. Les chérubins demeurent pour toutes ces sources: angéliques[37] et célestes[38]. Ils sont cependant doués d'intelligence[39], et surtout ils sont capables de s'exprimer ou de dialoguer[40]. Et ils sont aussi des esprits glorificateurs[41].

II.1.a Etymologie

La définition que les Pères de l'Eglise donnent n'est pas basée sur l'étymologie du grec Χεϱουβ *(keroub)*, et encore moins sur une philologie à partir de l'hébreu et du grec. Nous parlerons donc plutôt d'une herméneutique de Χεϱουβ(ιμ): *keroub(im)*. La démarche philologique est en effet compliquée car l'emploi de la racine *krb* de כּרוב n'est pas attestéc dans la

---

37 LAMPE, G.W.H., 1961, p.1523.

38 CHRYSOSTOME, J., Homélies III,§55; BARTHELEMY, 13:1 in *E. A.C I*, p. 331.

39 CA t.III, VII, §35: 3. (CA= Les Constitutions Apostoliques; t, III=Tome III; VII=Livres VII).

40 JOSEPH D'Arimathée, 3:4 ; 4:3 in E.A.C II, 2005, pp. 337-338 et 349 et 352, (E.A.C I et II=*Ecrits Apocryphes Chrétiens I et II*, éditions, Gallimard, Paris, 1997 et 2005).

41 CLEMENT, A., Les *Stromates*, V, §35:6, S. Ch., N°278, 1981, p. 85 (S. Ch=Sources Chrétiennes).

Bible hébraïque[42]. D'ailleurs, la LXX n'a fait que transcrire de l'hébreu au grec (כרוב /Χεϱουβ). Les Pères de l'Eglise ne nous ont donc laissé que des définitions axées sur une interprétation du mot chérubin. Ils évoquent la notion de chérubin en lien avec la σοφία *«sagesse»* et la γνῶσις *«connaissance»*. Pour Denys, le terme «chérubin» signifie: πλῆθος γνώσεως, «masse de connaissance», ou χύσις σοφίας qui veut dire «effusion de sagesse[43]». Le nom chérubin signifie «multitude de science[44]» ou encore Χερουβιμ ἐπίγνωσις χαὶ ἐπιστήμη πολλή[45] «connaissance complète et science abondante[46]». Selon Origène, «quiconque est rempli de la plénitude de la science devient un chérubin que Dieu conduit[47]». Il est possible que cette tendance interprétative des Pères de l'Eglise provienne de l'influence gnostique.

---

42 FREEDMAN et O'CONNOR, 1995, p. 308; KAGMATCHE, 2011, p. 35.

43 DENYS, La Hiér. Cél.,, S. Ch., N°58, 1970, pp. LII-LIII (Hiér. Cél.=Hiérarchie Céleste).

44 DIDYME, *Sur la Genèse,* S. Ch., N° 233, 1976, p. 267.

45 DIDYME L'Aveugle, S. Ch., N° 233, 1976, p. 267, n°2 ; cf. πλῆθος γνώσεως, Anast. S. Hex. I, §120;
    XII, §234.

46 ORIGENE, *Homélies sur Ezéchiel,* S. Ch., N° 352, 1989, p. 93, n°1; Quaest. Ex. II, §62. Clément d'Alexandrie affirme dans les Stromates V,§35:6 que le nom des chérubins signifie «la connaissance», cf.
    Clément, A., Les *Stromates V,* Tome 1, S. Ch., N°278, 1981, p.83.

47 ORIGENE, *Homélies sur Ezéchiel,* S. Ch., N° 352, 1989, p. 93.

II.1.b. *La hiérarchie et les services des chérubins à la cour céleste*

Les chérubins sont classés parmi les corps célestes comme les anges, les archanges et les séraphins[48]. Ils disposent de six ailes[49] et d'une puissance de vision[50]. Ils ont une proximité avec Dieu. Malgré cette proximité, ils sont incapables de le sonder et de le comprendre[51], c'est-à-dire de le saisir dans toute sa plénitude. La classification des chérubins d'après certains Pères de l'Eglise obéit à une hiérarchie dans l'angéologie céleste. Ainsi, ils sont classés supérieurs aux séraphins[52]. D'après Denys l'Aréopagite, la hiérarchie céleste est classée en trois triades, à savoir: une première triade composée des Séraphins, des Chérubins et des Trônes; une seconde triade composée des Dominations, des Vertus et des Puissances; et enfin une troisième triade composéedes Principautés, des Archanges et des Anges[53]. Jean Chrysostome[54] et Denys se rejoignent dans leur classification. Les séraphins et les chérubins sont des voisins immédiats dans cette hiérarchie et entourent le trône céleste[55] de façon permanente.

Etant donné que les chérubins se situent dans une proximité immédiate avec le trône divin, ils reçoivent «les premières

---

48 BARTHELEMY, 13:1 in E. A. C I, p. 331.
49 CA t. III, VII, §35:3; CA t.III, VIII, §27; ANAST. S. Hex. IV, §351.
50 CHRYSOSTOME, J., Homélies III, § 193.
51 CHRYSOSTOME, J., Homélies III, § 57.
52 CHRYSOSTOME, J., Homélies III, §273.
53 DENYS, *La Hiér. Cél., S. Ch.*, N°58, 1970, pp. XLVIII-XLIX.
54 CHRYSOSTOME, J., Homélies III,§ 273.
55 DENYS, *La Hiér. Cél., S. Ch.*, N°58, 1970,§VI:2

illuminations hiérarchiques, dans tout leur éclat[56] ». Ils ont donc une relation directe avec Dieu, sans intermédiaire, qui leur donne le pouvoir de connaître et «de transmettre généreusement aux ordres inférieurs ces dons divins dont ils ont été comblés à leur source même »,[57] (la connaissance et l'effusion de la sagesse reçue)[58] ».

> C'est ainsi que les Chérubins très saints sur qui Dieu est transporté, selon la vision d'Ezéchiel, sont couverts d'yeux de partout. Ils sont dits couverts d'yeux au point que leur dos aussi et leur poitrine ont des yeux mystérieux qui contemplent les grands spectacles surnaturels. Or c'est la plénitude de la connaissance que signifie le mot de Chérubins: d'où il ressort qu'ils voient ce qu'ils savent et qu'ils regardent...[59]

L'hommage à la gloire de Dieu est aussi l'un des services céleste des chérubins. D'après Clément d'Alexandrie[60] et Jean Chrysostome[61], parmi les êtres célestes qui psalmodient constamment Dieu, figurent les séraphins et les chérubins. Ceux-ci entonnentce cantique : «Béni soit sa gloire, du lieu où il demeure ». Cette fonction du chant n'est pas propre aux œuvres de la patristique, puisqu'elle se retrouve également dans les apocryphes. Ainsi, dans *Slavonic Book of the Secrets of Enoch*[62], nous lisons qu'Enoch a vu sept catégories d'anges

---

56 DENYS, *La Hiér. Cél., S. Ch.,* N°58, 1970, p. XLIX.
57 DENYS, *La Hiér. Cél., S. Ch.,* N°58, 1970, pp. LII; 108.
58 DENYS, *La Hiér. Cél., S. Ch.,* N°58, 1970, p. 108.
59 DIDYME L'Aveugle, *sur Zacharie,* I,§332, S. Ch., N° 83, 1962.
60 CLEMENT, A., *Les Stromates V,* S. Ch., N°278, 1981, p. 85, cf. VI, §36:3.
61 CHRYSOSTOME, J., Homélies I, §315, S. Ch., N°28, 1970 ; CAIII, §35:3.
62 WILLIAMS, 1908 in *JTS,* vol. X, n. 39, p. 416 ; 2 Enoch 19:6.

dont les faces brillaient plus que les rayons du soleil. Il y avait des archanges au-dessus des anges. Parmi le septième groupe d'anges figurent sept chérubins, sept créatures à six ailes et sept phénix qui chantent ensemble en chœur et d'une même voix. Dans la vision de Barthélemy sur la cour céleste, les chérubins[63] chantent le sixième hymne avec les séraphins à la gloire de Dieu[64] et lors de la bénédiction des apôtres par Dieu le Père, les chérubins répondent *Amen*.[65] Dans le cadre du salut, Chrysostome affirme que les noms des élus de Dieu sont inscrits parmi ceux des chérubins[66]. Ils sont vraiment des êtres célestes et sont près de Dieu. Les Pères de l'Eglise et les textes apocryphes que nous venons d'explorer, indiquent donc l'appartenance des chérubins à l'angéologie céleste.

II. 2. Nature et fonctions

Même si les champs d'expression des fonctions des chérubins peuvent parfois varier sensiblement entre les trois sources (Bible hébraïque, œuvres des Pères de l'Eglise et textes apocryphes), il y a davantage de similitudes que de divergences. Nous pouvons mentionner à titre d'exemple la fonction de gardien du paradis terrestre (garder le chemin de l'arbre de vie surtout), la fonction de chérubin assimilée à un trône divin[67]

---

63 CA t.III, VIII, §27.
64 BARTHELEMY, 15:8 in *E. A.C I*, p. 336; Apoc. Paul, 14g.
65 Barthélemy, 18:4 et 17.
66 CHRYSOSTOME, Homélie 79:3.
67 KAGMATCHE, 2011, pp. 82-93.

et/ou à un charriot céleste (transporteur des âmes de certaines personnes vers le paradis céleste[68]),mais également des fonctions telles que dialoguer[69]ou encore louer Dieu. Examinons donc chacune de ces fonctions.

II.2. a. Gardien

Les chérubins sont les gardiens du paradis terrestre (Gn 3:24). Leur fonction de gardien «donne à penser la valeur de l'objet gardé[70]»: le chemin de l'arbre de vie. Dieu a ordonné aux chérubins de garder le paradis : καὶ ἔταξε τὰ Χερουβιμ φυλάττειν τὸν παράδεσον[71]. L'Apoc. Esd. 2:13 affirme que la vie est gardée pour l'éternité par les chérubins, assertion qui rappelle le texte de Gn 3: 24 ou les chérubins gardaient l'arbre de vie. Selon Philon d'Alexandrie, ils sont aussi chargés de surveiller et de garder l'univers[72]. Etant donné que la garde est instituée par Dieu à travers les chérubins armés d'épée, cela fait d'eux des êtres qui servent de guides aux humains. Et selon le plan divin, sans eux les saints ne peuvent pas entrer au paradis. Si les chérubins font comprendre à l'homme la nécessité de participer à la connaissance de la Vérité pour entrer dans le Royaume, l'épée lui insinue que cette marche d'entrer dans le

---

68 T.Isaac, 7:1.
69 JOSEPH D'Arimathée, 3:4; 4:3 in *E.A.C II*, 2005, pp. 349 et 352.
70 DIDYME, *Sur la Genèse, S. Ch.*, N° 233, 1976, p. 269; PHLON, d'A., 1963, §1 et 11.
71 ANAST. S. Hex. VIIa, §373.

72 QUAEST. Ex. II,§64-65 et 68. Ils (les deux) chérubins du propitiatoire sont le symbole de deux puissances: la puissance créatrice de Dieu et la puissance royale par laquelle Dieu règne sur tout ce qu'il a créé (Ex. 25:22a et b).

Royaume de Dieu est pénible[73]. Philomène, racontant la théophanie de la résurrection de Jésus, écrit qu'autour du tombeau était déployée une armée d'anges au premier rang desquels se trouvaient les chérubins[74]. Ces derniers encerclent et gardent l'Eglise de tous les côtés avec leur épée flamboyante[75]. Ce sont des êtres vivants dotés d'intelligence et capables d'écrire à Jésus :

> ...Nous chérubins et êtres à six ailes qui avons été chargés par ta divinité de garder le jardin du paradis, nous te faisons connaître ceci par l'intermédiaire du brigand... lorsque nous vîmes la marque des clous du brigand qui fut crucifié avec toi et l'éclat des lettres de ta divinité ...[76]

D'après ce texte, le brigand crucifié avec Jésus arrivé au paradis dialogue avec les chérubins qui gardaient l'entrée.

II. 2.b. Le trône divin

Dans la cour céleste, les chérubins sont des serviteurs et ils se tiennent près du trône divin[77]. D'après (En. 71:7)[78], ce sont des anges qui ne dorment pas et qui gardent le trône de Dieu. Ils constituent aussi, en soi, un trône divin pour le Roi céleste

---

73 DIDYME, *Sur la Genèse, S. Ch.,* N° 233, 1976, p. 273.
74 BARTHELEMY, 8:4 in *E.A.C. I,* 1997, p. 323.
75 ANAST. S. Hex. XI: 487; XII: 140, 192; 239; Apoc. of Mosis, XXVIII:3.
76 JOSEPH D'Arimathée, 4:3 in *E.A.C II,* 2005, p. 352.
77 DAMASCENE, J., 1994, § I:15; DENYS, *La Hiér. Cél., S. Ch.,* N°58, 1970,§VI:2.
78 Cette même idée est redite dans En. 14:8; 2 En. 21:1; 22:3. Ils sont présentés dans ces textes comme ayant six ailes.

(Dieu). Dans le texte éthiopien du T.Abr.B.6[79], les chérubins assistent au jugement divin aux côtés des anges, des archanges et des séraphins. Ils sont subordonnés à l'ange Gabriel[80]. Au nombre de sept chérubins[81], ils habitent le 6e ciel et on les retrouve au 7e ciel où ils entourent le trône divin[82]. Comme le disent les textes suivants: (1Sam 4 : 4 ; 2Sam 6 : 2 ; Ps 79 : 2), le trône de Dieu dans les cieux est formé de chérubins[83]. Pour De Vaux: Ce sont l'arche-marchepied et les chérubins-siège qui, ensemble, constituent le trône de Yahvé»[84]. Grégoire de Nazianze et Chrysostome l'expriment de cette manière: Dieu a pour trône les chérubins: Θεοῦ θρόνος τὰ Χερουβιμ[85] ou encore, dans la grande doxologie de la CA, on voit cette notion de Dieu siégeant sur les chérubins.

ὁ χαθήμενος ἐπὶ τῶν Χερουβιμ: «toi qui trônes sur les chérubins[86] ». L'évêque de Rome, Babylas, voit dans une vision Dieu le roi d'en haut trôner sur les chérubins[87]. L'Apocalypse de Moïse fait également savoir que Dieu apparaît au paradis monté sur son trône de chérubins précédé d'anges qui chantent des hymnes de gloire[88]. Ce trône de chérubins

---

79 DELCOR, 1973, p. 221.
80 En. 20:7.
81 2 En. 19:6; En. Sl. 19:6.
82 2 En. 20:1; En. Sl. 20:1.
83 KAGMATCHE, 2011, pp. 82-83.
84 De VAUX, R., 1967, pp. 234; 254-259.
85 GREGOIRE de N., Discours 38- 41,S. Ch., 358, 1990, p. 343 (discours 41§12).
86 Ca t.III, VIII, §47:1; CA t. III, VI, §30:8.
87 CHRYSOSTOME, J., Sur Babylas, S. Ch., N° 362, 1990, p. 135.

88 Apoc. of Mosis, XXII: 3; XXXVIII: 3. Le texte apocryphe Eccl. 49:8 dit également: «C'est Ezéchiel qui vit une vision de gloire que Dieu lui-même montra sur le char des Chérubins...»

est l'expression de la royauté de Dieu[89], et du Christ. Le Christ également montera sur le char de chérubins. Pour le cas du Christ, cela se vérifie dans l'apocryphe de la Dormition de Marie où le Seigneur Jésus est revenu sur terre dans sa gloire, Χριστός καθήμενος ἐπί θρόνου Χερουβιμ (assis sur un trône de chérubins) accompagné d'une multitude d'anges pour honorer la sainte et vierge Marie pour l'ascension de son corps au paradis[90].

Et l'ascension de Jésus s'est faite sur une <u>monture de chérubins</u>[91]. Cette notion de Jésus monté sur le char de chérubins se trouve également dans Apoc. Esd.[92] Il y a aussi la fonction de protection que Jésus assigne aux chérubins pour veiller sur sa mère. Apoc. Esd., 2:13 où il est plus explicite qu'ils sont chargés de garder la vie.

Le prophète Elie est monté au ciel sur un char de chérubins. ὁ ἡνιοχῶν τὰ Χερουβιμ, ὁ ἅμαρτι πυρίνω εἰς τούς οὐρανούς ἄρας τὸν προφήτης Ἠλίαν [93], Dieu toi qui « diriges les chérubins,… qui as enlevé le prophète Elie vers les cieux sur un char de feu,…» Les chérubins n'ont pas seulement constitué un trône céleste pour Dieu, ils sont également présentés comme un char pour Jésus.

---

89 KAGMATCHE, 2011, pp. 83-89.
90 DORMIT. 38.
91 Passion de Jacques, 16:1; cf. E.A.C II, 2005, p.784; ANAST. S. Hex. IV: 351.
92 Apoc. Esd., 2:26 note; AM, 22:24.
93 Apoc. Esd. 7:6; WAHL, 1977, pp. 33-34; DALE, 2003, p. 214. Cette montée du prophète fait écho à l'histoire de 2 Rois 2:2-11.

II.2.c. Le chariot céleste

Il est fort intéressant de constater que les chérubins en tant que chariots divins, seront aussi une monture pour transporter les âmes ou les corps des défunts vers le paradis. Ainsi, le juste Abraham a été enlevé au ciel sur un chariot de chérubins[94]. T.AbrA,10:1 dit : Et l'archange Michaël descendit et «prit Abraham sur un chariot de Chérubins» (ἔλαβεν τόν Ἀβραάμ ἐπὶ ἄρματος Χερουβικοῦ) qui se posa sur les nuages, «et il l'enleva dans les airs supérieurs du ciel» (καί ὕψωσον αὐτόν εἰθέρα τοῦ οὐρανοῦ)[95]. Cette même idée se retrouve dans le T. Isaac, (7:1-2) qui nous laisse comprendre qu'à la mort du patriarche Isaac, Dieu envoya également l'archange Michel pour escorter l'ascension de son âme vers les cieux. Il le fit monter sur son saint chariot de chérubins vers les cieux où les chérubins louent Dieu près de son trône. On dirait que ce char de chérubins transporte les âmes des morts comme un corbillard des âmes défuntes vers la destinée éternelle. Cependant, le fragment E. du texte (T.AbrA,10:1 et 8-15)[96] dit que le patriarche Abraham a assisté au jugement post-mortem auquel les chérubins avaient deux livres dans lesquels le juge et la cour pouvaient lire tous les actes d'assassinat et d'adultère de l'âme. La même idée se trouve dans l'Apocalypse de Paul au chapitre 14, où les chérubins, les archanges et les 24 anciens assistèrent au paradis le jugement divin en chantant des hymnes et des louanges à Dieu[97]. En résumé, les chérubins furent au conseil divin et ils participèrent

---

94 T.Abr.A9:8, cf. DALE, 2003, p.65. Nb: *T.Abr*=Testament d'Abraham; *T.Isaac*=Testament d'Isaac ; *T.Sal*=Testament de Salomon.
95 T.AbrA, 10:1, cf. DALE, 2003, p. 221; DELCOR, 1973, p.127.
96 T.AbrA, 10:1 et 8; cf. DALE, 2003, pp. 254 et 259.
97 Apoc. Paul, 14; ELLIOTT, J.K., 1993, p.625.

avec toute l'armée des cieux parmi lesquels figurent également des séraphins, des anges et les principautés au jugement divin; et ils joignirent leur voix à la voix des autres êtres célestes pour rendre gloire à Dieu[98].

II.2.d. Dans la prière et formule magique

D'après le (T.Sal. 18:34), en cas de maladie, on pouvait oindre le malade d'huile et par une invocation magique prier les chérubins et les séraphins afin que le malade obtienne la guérison[99].?Dans la prière de pénitence d'Eve, pendant la maladie de son mari Adam, elle dit avoir offensé Dieu et d'autres êtres angéliques parmi lesquels sont mentionnés les chérubins: ὁ θεός, ἥμαρτον, ὁ πατὴρ τῶν πάντων, ἥμαρτον σοί, ἥμαρτον εἰς τούς; ἐχλεχτούς; σου ἀγγελους; ἥμαρτον εἰς τὰ Χερουβιμ[100]?(«Oh! Dieu, Oh! Père de tous, j'ai péché envers toi, j'ai péché envers tes anges élus et j'ai péché envers les chérubins »). Ces chérubins n'étaient pas simplement des anges, mais constituaient des êtres qu'on pouvait offenser, et leur invocation pendant une maladie pouvait entraîner la guérison.

---

98   En. 61:1-11.
99   T. Sal., XVIII: 34, cf. BUSCH, P., 2006, p. 229; DULING D.C., 1983, p.981.
100   Apoc. of Mosis, XXXII: 1-2.

III. Les chérubins bibliques dans l'art de la Renaissance

Après avoir interrogé le judaïsme, les textes apocryphes et les Pères de l'Eglise, qui nous ont présenté les chérubins comme des anges, la question est de savoir comment les artistes de la Renaissance concevaient les chérubins? Quelles sont les images qu'ils ont pu mettre sur le mot «chérubin»? Il faut admettre que les interprétations rabbiniques de כְּרוּב par כרביא= Ké-rabia «comme un enfant[101]», a joué un important rôle et la conception du chérubin propre aux écrits apocryphes et l'apport des Pères de l'Eglise sur la notion de chérubin, (comme ange) ont fortement influencé les artistes de la Renaissance pour représenter iconographiquement les chérubins bibliques en forme de bébés ailés[102]. Les artistes de cette période ont souvent représenté les chérubins sous forme de bébés ailés ou d'angelots poupins, symboles de l'innocence[103]. D'où le fait que dans l'imaginaire collectif, les chérubins bibliques ne sont uniquement que de petits angelots. Ainsi en Occident, depuis la Renaissance, les voussures et tympans des églises ou des édifices religieux furent ornées par des chérubins. L'hôpital des Innocents à Florence, daté de la 2ᵉ moitié du XVᵉ siècle,

---

101 SUKKAH, 5b.
102 RABINOWITZ, L.I., 1971, p. 399.
103 FABER, L., 2010, p.152. Les bébés ou les très jeunes enfants furent qualifiés de chérubins.

nous présente la scène de l'Ange annonciateur d'Andrea della Robbia (Florence, en Italie) dans un cadre semi-circulaire encadré de chérubins (bébés ailés)[104].

Fig. 1. Announciation of Andrea Della Robbia. Second half of XIV [th] century. Front of the Dome d'Orvieto. Villette, J., 1941, Pl.XVIII, N°1

---

104 VILLETTE, J., 1941, pl.XVIII, N°1.

A la fin du XVᵉ siècle, une sculpture française (Louvre) présente Dieu le Père entouré de chérubins[105]. Ce même motif est
représenté sur la Tympan de l'église de Perrecy-des-Forges,
(Sâone -et -Loire, en France). Deux chérubins sont situés de
part et d'autre de la Mandorle du Christ en Majesté.[106] Tout
comme le Père, le Christ dans sa Majesté entouré par deux
chérubins.

Fig. 2. Dieu, le Père est entouré de chérubins. Villette, J., 1941, Pl.XVIII,
N°3.

---

105   VILLETTE, J., 1941, pl.XVIII, N°3.
106   OLIVIER, P., 2000, pp. 73-74.

On voit huit (8) angelots ou chérubins dans la peinture de la fête de la Rosaire d'Albrecht Dürer datant de 1506 commandée par son hôte le banquier Jacob Jugger lors de son second passage à Venise (Italie). Ce banquier fut l'intermédiaire entre l'empereur Maximillien 1er (Habsbourg, (1459-1519) et le pape Alexandre VI (1431-1503) surnommé Jules II. Ce tableau de la renaissance qui combine l'aspect religieux et politique.[107] Dans ce tableau sont représentés l'empereur Maximillien et le pape Jules II qui se fait couronné par la Vierge Marie à l'Enfant Jésus.

Dans le cadre supérieur à gauche et à droite du tableau, on voit clairement deux angelots tenant chacun d'une main le fil de suspension du rideau qui descend dans le dos de la vierge pour la servir d'ombrage. Légèrement au-dessus de la tête de la vierge Marie deux autres chérubins ou angelots tiennent une couronne surmontée d'une croix. Au-dessus de sa main gauche deux chérubins. L'un tient une couronne de rose et l'autre tient dans sa main droite trois (3) et dans sa main gauche une (1). On dirait que ces chérubins sont au service de la Vierge durant cette cérémonie de couronnement. Ils sont les seuls à avoir des couronnes dans leurs mains. À la droite de Marie se trouvent deux autres angelots ailés.

---

107 http://www.rivagedeboheme.fr/pages/arts/peinture-15-16e-siecles/albrecht-durer.html, consulté le 13/03/2018.

https://fr.wikipedia.org/wiki/La_Vierge_de_la_f%C3%AAte_du_rosaire, consulté le 13/03/2018.

Fig. 3. La vierge de la fête du Rosaire. Peinture d'Albrecht Dürer datant de 1506, Venise. Exposé de nos jours à la Galerie Nationale de Prague, n° 01552.

Dimensions: 162 x 192cm

La voûte du cloître de Jeronimos, Lisbonne au Portugal comporte un cercle dans lequel est inscrit un chérubin avec une double paire d'ailes[108].

---

108   OLIVIER, P., 2000, p. 76.

Fig. 4. Deux angelots de la voûte du cloître de Jeronimos à Lisbonne (Portugal), OLIVIER, P., 2000, p.76

https://www.routard.com/photos/lisbonne/ 116132-blason_et_angelots.htm

Fig.5. Des angelots ou chérubins du sarcophage en marbre d'Ilaria Del Carretto (Cathedrale de Saint Martin de la ville Lucques) crée par le sculpteur Jacopo della Quercia. Renaissance italienne datant du 1413.

https://en.wikipedia.org/wiki/Putto#/media/File: Quercia%27s_grave_and_monument_at_CMArt.JPG, consulté le 2019/06/03 à 23h37

La Madone à l'Enfant de Fra Filippo Lippi du XVè siècle, Galerie des offices de Florence (Italie). On voit la Vierge vêtue d'une robe sombre. Et l'Enfant Jésus représenté sous la forme potelet quasiment nu. Il est soutenu par deux angelots. Il est fort possible que ces deux angelots sont **des chérubins** en dépit d'une paire d'ailes dont ils disposent.[109] Les angelots dans la peinture du XVe siècle s'inscrivent dans la représentation des chérubins par les artistes de la Renaissance. La Basilique St-Pierre de Rome au Vatican, est flaqué de ces angelots chérubins ailés.

---

109 OLIVIER, P., 2000, p. 67.

Fig. 6. Fra Bartolomeo, La vierge et l'Enfant avec Ste Anne et les saints patrons de Florence. Toile: Peinture à Huile, datant de 1510, N° d'inventaire: 129784- Musée nationale de Varsovie. Lieu du travail initial: St. Marc, Florence. H. 218 x 149 cm. Cf. aussi Burckhardt J., 1988, p. 129, fig. 100.

Toujours dans la même période, dans la Basilique Santa Maria Dei Frari de Venise[110]. On trouve une toile: peinture à huile, L'Assomption de la Vierge réalisée par Titien, 1516-1518. Dimensions: 690 x 360 cm. Cette toile a trois (3) registres: Dans la partie supérieure, on voit Dieu le Père. Au centre: Marie en gloire dans son Assomption entourée des anges et des petits angelots (**chérubins**). Dans le niveau inférieur, on voit les Apôtres qui contemplent la montée de Marie vers Dieu le Père.

L'Artiste Della Robbia, céramiste a réalisé en Italie un bas-relief (1520) de la Vierge assise à même le sol tenant l'Enfant sur ses genoux. Sur ce bas-relief, la vierge est entourée de **deux chérubins** et enfin dessus la colombe du Saint-Esprit. Dimensions: Hauteur 60 x 40 cm avec une profondeur de 13,50 cm. Cette sculpture est actuellement disponible au petit palais, (Beaux-Arts de la ville de Paris) avec le N° d'inventaire SDUT1162.

Le grand artiste de la Renaissance Titien a réalisé une peinture (huile sur bois) datée de 1520, commandée par le riche marchant Alvise Gozzi actif à Venise mais originaire de Raguse. Cette peinture a un motif politico-religieux. Elle dispose de deux registres avec pour arrière-plan la ville de Venise[111]. Dans le cadre inférieur de gauche à droite deux saints: François d'Assise et Blaise représentant respectivement Ancône et Raguse (l'actuelle Dubrovnik). On remarque le donateur (Alvise Gozzi) à genou en signe d'adorant près de St-Blaise, St patron de

---

110 Burckhardt J., 1988, p. 163, fig. 125.
111 BROCK, M., 2017, p. 282.

Raguse qui pointe le cadre supérieur. Dans ce cadre supérieur, la Vierge et l'Enfant apparaissent sur un nuage et au-dessus un ciel doré[112]. La Vierge Marie et l'Enfant sont flanqués d'un **chérubin** vêtu à gauche et de deux **chérubins** nus à droite qui offrent à Celle-ci une couronne. La présence de St François d'Assise et de l'Évêque St-Blaise montre leur soumission à la ville de Venise.

Fig. 7. Peinture, 1520: Huile sur bois. Auteur Titien, Dimensions: 320 x 206 cm. Pinacoteca civica Francesco Podesti, (Ancône); https://en.wikipedia.org/wiki/Gozzi_Altarpiece, consulté le 06/05/2019 à 15h19, cf aussi BROCK, M., 2017, fig. 1.

112   BROCK, M., 2017, p. 281, fig. 1.

Cependant, les chérubins en forme d'adultes ailés étaient aussi présents, surtout ceux du jardin d'Eden armés d'épée[113].

Fig. 8. FABER, L., 2010, p. 96, Adam et Eva chassés du paradis.

---

113 FABER, L., 2010, p. 96; VILLETTE, J., 1941, pl.XVIII, N°2. Dans cette scène du jardin d'Eden on constate que seul un chérubin armé d'épée fut représenté, alors que le texte de la Gn 3: 24 évoque des chérubins au pluriel.

L'art de la Renaissance n'a pas oublié non plus les chérubins d'Ezékiel souvent sculptés sur des tympans et dans les voussures. Il y a eu des représentations du Christ en majesté dans une mandorle entouré des quatre être vivants de l'Apocalypse de Jean (Apoc. 4 : 6-8) qui faisaient déjà référence aux chérubins d'Ezéchiel (le lion, le taureau, l'homme et l'aigle). Nous pouvons citer dans ce cadre les portails des cathédrales du Mans et d'Arles[114].

Fig. 9. The Christ in Majesty and Apostles. Portal of Saint-Trophime of Arles (France).

Ces quatre êtres, devenus des tétramorphes, sont les symboles des quatre Evangiles ou apôtres[115]. Plusieurs églises en France portent cette signature du tétramorphe.

---

114 MÂLE, E., 1953, figs. 220 et 223. On pourrait aussi ajouter à cette liste, les tympans de St-Aventin, Valcabrère et de Carennac, cf. même auteur, p. 379, fig. 218.

115 KAGMATCHE, 2011, p.125 et N°258. Les Pères de l'Eglise et le christianisme ont fait de ces êtres vivants des emblèmes pour les quatre apôtres: le lion pour Marc, le taureau pour Luc, l'homme pour Matthieu et l'aigle pour Jean.

CONCLUSION

Au regard de cette recherche, on peut conclure que les images des chérubins tels que nous les connaissons aujourd'hui nous viennent des interprétations du judaïsme, des textes apocryphes et des Pères de l'Eglise. Toutes ces sources, bien que reconnaissant les différentes fonctions des chérubins bibliques (gardiens en Gn 3:24, chars et ascenseurs du trône divin), ont également attribué d'autres fonctions aux chérubins. Notamment en classant les chérubins comme des êtres capables de dialoguer[116], de louer Dieu, et la fonction de chérubins comme chariots célestes: corbillards des âmes vers le paradis céleste[117]. Invoquer et adresser des prières aux chérubins demeurent être des fonctions spécifiques aux textes apocryphes et aux Pères de l'Eglise. L'art de la Renaissance n'a fait que respecter et obéir à la définition de son temps du chérubin. Représenter les chérubins sous forme de bébés poupins n'est qu'une image issue du judaïsme de par sa définition de כרוב par כרביא = Ké-rabia «comme un enfant[118]». Sa forme plus grande, sinon adulte, avec des ailes, n'est que la description et la classification des chérubins comme anges venues du texte de Gn. 3:24, des textes apocryphes et des Pères de l'Eglise. Cette interprétation et représentation iconographique du chérubin comme un être angélique en forme adulte ou angelot occulte les autres formes de chérubins de l'Ancien Testament[119].

---

116 E.A.C II, 2005, pp. 337-338 et 349-350.
117 T.Isaac, 7:1.
118 ḤAGIGAH, 13b, note 5; SUKKAH, 5b note 2.
119 KAGMATCHÉ, 2011, pp. 74-96.

Une question se pose toutefois : compte tenu que lemot מַלְאָךְ «messager/ange»[120] dans la Bible hébraïque n'a jamais été associé aux chérubins bibliques, peut-on alors classer les chérubins dans l'angéologie? Les premiers points d'appui de cette classification seront des textes de Gn 3:24 et parfois d'Ezékiel, 1:1-12 ; 10:1-15, plaçant ainsi les chérubins bibliques dans la sphère des anges. A cela s'ajoute la définition de כרוב par les rabbins talmudistes, et surtout les apocryphes et les interprétations des Pères de l'Eglise. L'art de la Renaissance n'a fait que sculpter et dessiner les chérubins d'après des descriptions faites par les sources ci-dessus.

---

120 RINGGREN et al., מַלְאָךְ in ThDOT, vol. VIII, pp. 308; 315-316. Ce mot apparaît 213 fois dans la Bible hébraïque et se réfère à la fois au messager humain et divin, et il est souvent employé avec les verbes «envoyer», «parler», «dire »... cf. aussi NEWSOM, A. C., Angels in The A. B.D, vol. 1, pp. 248-253.

Table des illustrations

No	Titre	pages
1	Announciation of Andrea Della Robbia. Second half of XIV th century. Front of the Dome d'Orvieto. Villette, J., 1941, Pl.XVIII, N°1.	35
2	Dieu, le Père est entouré de chérubins. Villette, J., 1941, Pl.XVIII, N°3.	37
3	La vierge de la fête du Rosaire. Peinture d'Albrecht Dürer datant de 1506, Venise.	39
4	Deux angelots de la voûte du cloître de Jeronimos à Lisbonne (Portugal),	40
5	Des angelots ou chérubins du sarcophage en marbre d'Ilaria Del Carretto	41
6	Fra Bartolomeo, La vierge et l'Enfant avec Ste Anne et les saints patrons de Florence.	43
7	Peinture, 1520: Huile sur bois. Auteur Titien, Dimensions: 320 x 206 cm. Pinacoteca civica Francesco Podesti, (Ancône)	45
8	Adam et Eva chassés du paradis.	46
9	The Christ in Majesty and Apostles. Portal of Saint-Trophime of Arles (France).	47

BIBLIOGRAPHIE

BLACK, M., 1985. *The Book of Enoch or I Enoch, a New English Edition*, Leiden, E. J. Brill, p. 163.

BOTTERO, J., 2008. *Au commencement étaient les dieux*, éditions Hachette, Paris, p.187. BURCKHARDT, J., 1988. The altarpiece in Renaissance Italy, Cambridge [England]; Cambridge University Press, New York.

BROCK, M., 2017, La Place du spectateur dans la Pala Gozzi de Titien, in Voir l'au-delà. L'expérience visionnaire et sa représentation dans l'art italien de la Renaissance. Sous la direction de: Beyer A., Morel P., et de NOVA A., avec la collaboration de GERBRON C., Collection Études Renaissantes, Brepols. Turnhout, Belgique.

BUSCH, P., 2006. *Das Testament Salomos*, éditions W. de Gruyter, Berlin/New-York.

BUXTORF, J., 1977. *Lexicon, Chaldaicum,Talmudicum et Rabbinicum* Georg Olms Verlag, New-York, col.1084.

BUXTORF, J., 1875, *Lexicon Chaldaicum*, Leipzig, 1875, p. 550.

CHAGALL, T., 2011. *Chagall et la Bible, Musée d'art et d'histoire du Judaïsme*, p.87-88.

CHRYSOSTOME, Homélie 79:3=*Commentaire sur St. Jean Chrysostome, J., Traduction française des œuvres complète de St. Jean de Chrysostome*, Tome VIII, Bar-Le-Duc, L. Guérin et Cie (éd.), S.l., 1865.

CHRYSOSTOME, J., 1970. *L'Incompréhensibilité de Dieu*, tome I, Homélies I-III, in S. Ch., n°28.

CHRYSOSTOME, J., 1990. *Sur Babylas, S. Ch.*, N°362, p. 135.

CLEMENT, A., 1981. *Les Stromates V*, S. Ch., N°278, p. 85, cf. VI, §36:3.

DALE C. Allison Jr, 2003. *Testament of Abraham*, CEJL, editions W. de Gruyter, Berlin/ New-York, p. 65.

DAMASCENE, J., 1994. *Le visage de l'invisible*, Migne, Paris, § I:15.

DE VAUX, R., 1967. *Les chérubins et l'arche de l'alliance, les sphinx gardiens et les trônes divins dans l'ancien Orient*, Bible et Orient, Paris, pp. 231-259.

Déclaration de Joseph d'Arimathée, 2005. (DJA, 3:4) in EACII, pp. 337-338 et 349-350.

DELCOR, M., 1973. *Le Testament d'Abraham*, E.J.Brill, Leiden.

DENYS, 1970. *La Hiérarchie Céleste*, S. Ch., N°58, §VI:2; pp. LII-LIII.

DIDYME L'Aveugle, 1962. *Sur Zacharie*, I,§332, S. Ch., n° 83.

DULING D.C., 1983. *Testament of Salomon in The Old Testament Pseudepigrapha*, vol. 1, *Apocalyptic Literature and Testaments* edited by Charlesworth, J. H., Duke University, New-York, p.981.

ELLIOTT, J.K., 1993. *The Apocryphal New- Testament. A Collection of Apocryphal Christian Literature in an English Translation*, Clarendon, Press, Oxford, p.625.

FABER, L., 2010. *Le grand livre des anges. Le guide illustré des êtres célestes et traditions angéliques*, éditions Original Books, Champs-sur-Marne.

FREEDMAN D.N. et O'CONNOR M.P., 1995, ''Kerub'', in Theological Dictionary of the Old Testament Vol 7, édition William B. Eerdman Publishing Compagny, Grand Rapids, Michigan, pp. 307-319.

FREEDMAN, H., Dr Rabbi et al., 1939. *Misdrash Rabbah, Genesis I,* Soncino Press, London, pp. 177-178.

FREEDMAN, H., Dr Rabbi et al., 1939. *Misdrash Rabbah,* (The Midrash vol. VIII) *Ruth and Ecclesiastes,* Soncino Press, London, p. 282.

GREGOIRE de N., 1990. *Discours 38-41,* S. Ch., 358, p. 343, (discours 41§12).

KAGMATCHE, N. S., 2011. *Etude comparative entre les Lamassu et les chérubins bibliques,* éditions L'Harmattan, Paris.

LAMPE, G.W.H., 1961. *A Patristic Greek Lexicon,* at the Clarendon Press, Oxford, pp.1523-1524.

LESETRE, H., 1912. «Chérubin» in *Dict. de la Bible,* Tome 2, 1ʳᵉ partie C, Librairie Letouzey et Ané, Paris, col. 659.

MÂLE, E., 1953. *L'art religieux du XIIᵉ siècle en France: étude sur les origines de l'iconographie du Moyen Age,* éditions A. Colin, Paris, figs. 220 et 223.

METZGER, M., (Dir.), 1985-1987. *Les Constitutions Apostoliques, t. I-III,* Sources Chrétiennes, nᵒ 320; 329; 336; éditions Cerf, Paris.

ODEBERG, H., 1973. *3 Enoch of The Hebrew Book of Enoch,* KTAV Published House, New-York.

OLIVIER, P., 2000. *Les Séraphins et les Chérubins,* Éditions de Vecchi, Paris.

ORIGENE, 1989. *Homélies sur Ezéchiel,* S. Ch., N° 352, p. 93, n°1.

RABBINOWITZ, Dr Rabbi, 1939. *Midrash Rabbah,* and Ruth, Soncino Press, London, p. 282.

RABINOWITZ, L.I., « Cherub » in *Encyclopedia Judaica,* vol. 5., 1971, p. 399.

RINGGREN et al., מִלְאָך in *ThDOT,* vol. VIII, pp. 308; 315-316.

SOKOLOFF, M., 1992. *A Dictionary of Jewish Palestinian Aramaic,* Bar Ilan University Press, p. 513.

SOKOLOFF, M., 2002. *A Dictionary of Jewish Babylonian Aramaic of the Talmudic and Geonic Periods,* The John Hopkins University Press, col. 598.

VILLETTE, J., 1941. *L'Ange dans l'Art d'Occident du XIIe au XVIe siècle, Thèse de Doctorat,* Laurens H. (éd.), Paris.

WELTE, 1865, Temple de Jérusalem in *Dictionnaire Encyclopédique de Théologie Catholique,* Tome XXIII, (Seydney-Tout), Paris, p. 184.

Web bibliographie

https://fr.wikipedia.org/wiki/La_Vierge_de_la_f%C3%AAte_du_rosaire , consulté le 13/03/2018.

http://www.rivagedeboheme.fr/pages/arts/peinture-15-16e-siecles/albrecht-durer.html, consulté le 13/03/2018.

https://en.wikipedia.org/wiki/Gozzi_Altarpiece, consulté le 06/05/2019 à 15h19.

https://www.routard.com/photos/lisbonne/116132-blason_et_angelots.htm Consulté le 05/06/2019, à 12h13.

https://en.wikipedia.org/wiki/Putto#/media/File:Quercia%27s_grave_and_monument_at_CMArt.JPG, consulté le 2019/06/03 à 23h37.